Impressum
Verlag: BABADADA GmbH, Nedderfeld 112 , 22529 Hamburg
Geschäftsführer / Verlagsleitung: Harald Hof
Druck: Books on Demand GmbH, In de Tarpen 42, 22848 Norderstedt

Imprint
Publisher: BABADADA GmbH, Nedderfeld 112 , 22529 Hamburg, Germany
Managing Director / Publishing direction: Harald Hof
Print: Books on Demand GmbH, In de Tarpen 42, 22848 Norderstedt

مکتب

school

صنف درسی
classroom
تقسیم کردن
divide
186/2
تخته
board
معلم
teacher
کاغذ
paper
نوشتن
write
خودکار
pen
میز کار
desk
خط کش
ruler
کتاب
book
شاگرد
pupil

بیگ مکتب

satchel

قلم دانی

pencil case

پنسل

pencil

پنسل تراش

pencil sharpener

پنسل پاک

rubber

کتابچه رسم

drawing pad

نقاشی

drawing

برس رنگ زنی

paintbrush

بکسک رنگه

paint box

قیچی

scissors

سریش

glue

کتاب تمرین

exercise book

کار خانگی

homework

12

عدد

number

2+2

جمع کردن

add

5-2

تفریق کردن

subtract

2×2

ضرب کردن

multiply

حساب کردن

calculate

A

حرف

letter

ABCDEFG
HIJKLMN
OPQRSTU
VWXYZ

الفبا

alphabet

کلمه

word

متن
text

خواندن
read

تباشیر
chalk

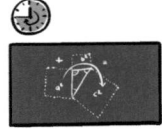

درس
lesson

ثبت نام
register

امتحان
exam

تصدیقنامه
certificate

یونیفورم مکتب
school uniform

تحصیل
education

دانشنامه
encyclopedia

پوهنتون
university

مایکروسکوپ
microscope

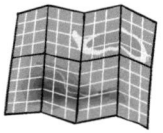

نقشه
map

سبد کاغذ باطله
waste-paper basket

هوتل
hotel
لیلیه
hostel
دفتر صرافی
bureau de change
CHANGE
بیگ سفری
suitcase
موتر
car

زبان

language

بلی / نخیر

yes / no

بسیار خوب

Okay

سلام

hello

مترجم

translator

تشکر از شما

Thank you

قیمتش چقدر است؟

how much is…?

نمی فهمم

I do not understand

مشکل

problem

عصر بخیر! / شب بخیر!

Good evening!

صبح بخیر!

Good morning!

شب بخیر!

Good night!

خداحافظ

bye bye

مسیر

direction

بار مسافر

luggage

بیگ

bag

بیگ پشتکی

backpack

مهمان

guest

اطاق

room

بستره خواب سیار

sleeping bag

خیمه

tent

معلومات توریستی

tourist information

ساحل

beach

کریدیت کارت

credit card

صبحانه

breakfast

طعام چاشت

lunch

غذای شام

dinner

تکت

ticket

لفت

lift

مهر

stamp

مرز

border

گمرک

customs

سفارتخانه

embassy

ویزه

visa

پاسپورت

passport

حمل و نقل

transport

طیاره
aeroplane
کشتی
ship
موتر اطفاییه
fire engine
لاری
truck
بس
bus
قایق موتوری
motorboat
بایسکل
bike
موتر
car

کشتی

ferry

قایق

boat

موترسایکل

motorbike

موتر پولیس

police car

موتر مسابقه

racing car

موتر کرایی

rental car

اشتراک وسایط
car sharing

جرثقیل
breakdown truck

موتر حمل زباله
refuse truck

موتور
motor

تیل
fuel

تانک تیل
petrol station

علامت ترافیکی
traffic sign

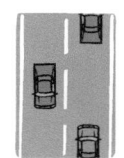

عبور و مرور
traffic

راهبندان
traffic jam

پارک وسایط
car park

ایستگاه ریل
train station

خط ریل
tracks

ریل
train

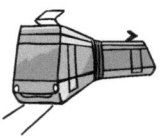

ریل برقی
tram

واگن
carriage

هلیکوپتر

helicopter

میدان هوایی

airport

برج

tower

مسافر

passenger

کانتینر

container

کارتن

carton

گادی

cart

سبد

basket

پرواز کردن / فرود آمدن

take off / land

شهر

city

قریه

village

تیاتر شهر

city centre

خانه

house

سینما
cinema

اعلان
advert

چراغ سرک
street lamp

CINEMA

سرک
street

تکسی
taxi

فروشگاه اسنک
snack shop

عابر پیاده
pedestrian

پیاده رو
pavement

خطوط عابر پیاده
zebra crossing

سطل آشغال
bin

چهار راهی
crossing

چراغ راهنمایی
traffic lights

کلبه
hut

آپارتمان
flat

ایستگاه ریل
train station

تالار شهر
town hall

موزیم
museum

مکتب
school

پوهنتون

university

بانک

bank

شفاخانه

hospital

هوتل

hotel

دواخانه

pharmacy

دفتر

office

کتابفروشی

book shop

مغازه

shop

گل فروشی

florist's

سوپر مارکیت

supermarket

فروشگاه

market

فروشگاه

department store

ماهی فروشی

fishmonger's

مرکز خرید

shopping centre

بندر

harbour

پارک

park

دراز چوکی

bench

پل

bridge

زینه ها

stairs

مترو

underground

تونل

tunnel

ایستگاه بس

bus stop

میخانه

bar

رستورانت

restaurant

صندوق پست

postbox

علامت سرک

street sign

ماشین پارکو متر

parking meter

باغ وحش

zoo

حوض آببازی

swimming pool

مسجد

mosque

شهر - city

مزرعه

farm

آلوده گی

pollution

قبرستان

graveyard

کلیسا

church

میدان بازی

playground

معبد

temple

چشم انداز

landscape

برگ
leaf

لوحه
signpost

راه
way

علفزار
meadow

سنگ
stone

کوهنورد
hiker

درخت
tree

دریا
river

علف
grass

گل
flower

دره
....
valley

تپه
....
hill

درياچه
....
lake

جنگل
....
forest

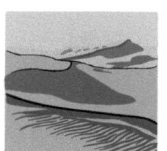

صحرا
....
desert

آتشفشان
....
volcano

قلعه
....
castle

رنگين كمان
....
rainbow

سمارق
....
mushroom

درخت آلو
....
palm tree

پشه
....
mosquito

مگس
....
fly

مورچه
....
ant

زنبور
....
bee

عنكبوت
....
spider

قانغوزک

beetle

بقه

frog

موش خرما

squirrel

خارپشت

hedgehog

خرگوش صحرایی

hare

بوم

owl

پرنده

bird

مرغابی

swan

خوک وحشی

boar

گوزن

deer

گوزن شمالی

moose

بند آب

dam

توربین بادی

wind turbine

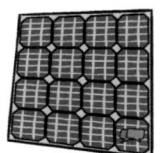

صفحه خورشیدی

solar panel

آب و هوا

climate

restaurant

پیشخدمت
waiter
مینوی غذا
menu
چوکی
chair
سوپ
soup
پیتزا
pizza
قاشق و پنجه و کارد
cutlery
روی میزی
tablecloth

پیش غذا

starter

غذای اصلی

main course

شرینی

dessert

نوشیدنی ها

drinks

غذا

food

بوتل

bottle

فاست فود

fast food

غذای کنار سرک

street food

چاینک/ترموز

teapot

قندانی

sugar bowl

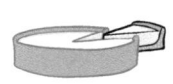

بخش غذا

portion

دستگاه اسپرسو

espresso machine

چوکی بلند

high chair

بل

bill

پطنوس

tray

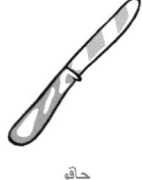

چاقو

knife

پنجه

fork

قاشق

spoon

قاشق چای خوری

teaspoon

دستپاک دسترخوان یا میز

serviette

گیلاس

glass

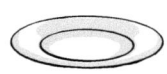

بشقاب

plate

بشقاب سوپ

soup plate

نعلبکی

saucer

چتنی

sauce

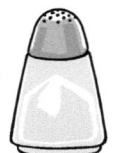

نمکدان

salt pot

آسیاب مرچ

pepper mill

سرکه

vinegar

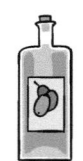

روغن خوراکی

oil

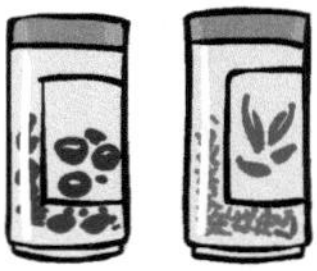

ادویه

spices

کچاپ

ketchup

ساس خردل

mustard

مایونز

mayonnaise

سوپر مارکیت

supermarket

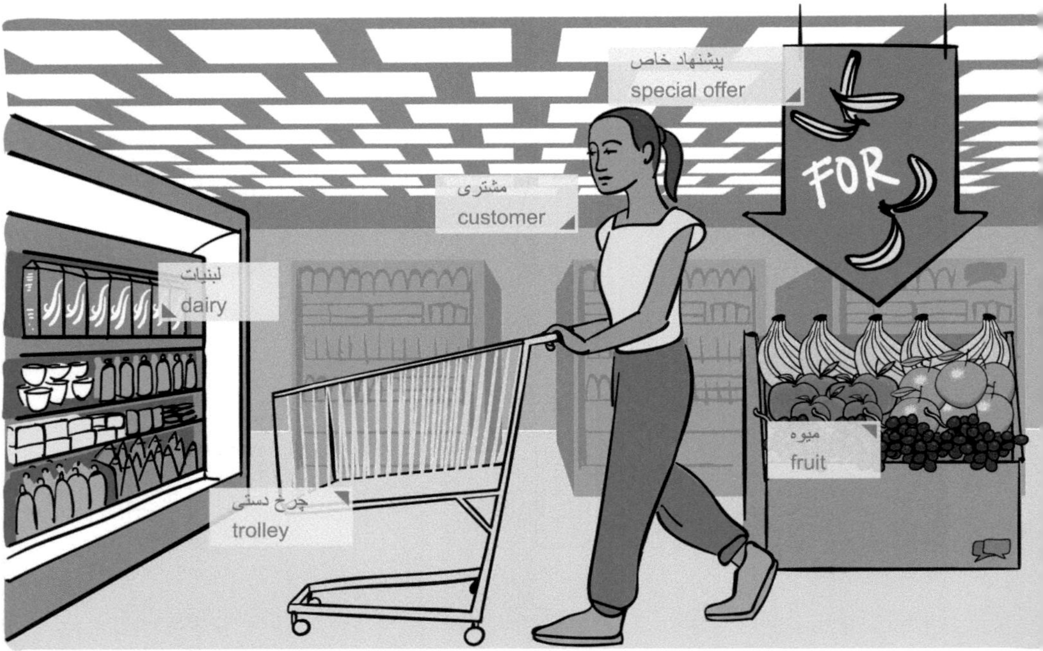

پیشنهاد خاص
special offer
FOR
مشتری
customer
لبنیات
dairy
میوه
fruit
چرخ دستی
trolley

BUTCHERS

قصابی

butcher´s

BAKERY

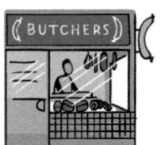

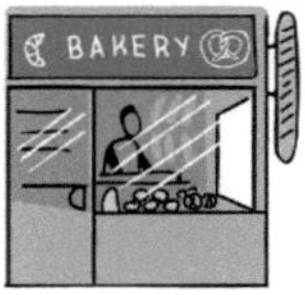

نانوایی

baker´s

وزن کردن

weigh

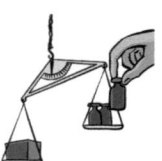

سبزیجات

vegetables

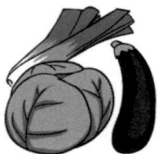

گوشت

meat

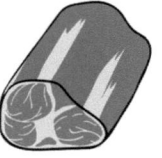

غذای منجمد

frozen food

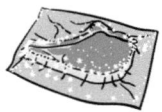

غذای سرد

cold meat

غذای کنسر شده

tinned food

پودر رختشویی

washing powder

شیرینی

sweets

لوازم خانگی

household products

محصولات پاک کننده

cleaning products

فروشنده

salesperson

دخل پیسه

till

صندوقدار

cashier

لست خرید

shopping list

ساعات کاری

opening hours

بکسک جیبی

wallet

کریدیت کارت

credit card

بیگ

bag

بیگ پلاستیکی

plastic bag

سوپر مارکیت - supermarket

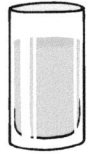

نوشیدنی ها

drinks

آب

water

جوس

juice

شیر

milk

نوشابه

coke

شراب

wine

بیر

beer

الکول

alcohol

ککو

cocoa

چای

tea

قهوه

coffee

اسپرسو

espresso

کاپوچینو

cappuccino

کیله

banana

سیب

apple

مالته

orange

تربوز

melon

لیمو

lemon

زردگ

carrot

سیر

garlic

چوب خیزران

bamboo

پیاز

onion

سمارق

mushroom

مغزیات

nuts

آش

noodles

مکرونی
....
spaghetti

برنج
....
rice

سلاد
....
salad

چیپس
....
chips

کچالو سرخ کرده
....
fried potatoes

پیتزا
....
pizza

همبرگر
....
hamburger

ساندویچ
....
sandwich

کتلت
....
cutlet

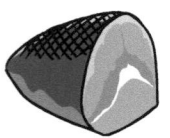

همبرگر
....
ham

سالامی
....
salami

ساسج
....
sausage

مرغ
....
chicken

کباب
....
roast

ماهی
....
fish

فرنی جو

porridge oats

صبحانه رژیمی

muesli

کورن فلکس

cornflakes

آرد

flour

کروسانت

croissant

قرص نان

bread roll

نان خشک

bread

توست / نان بریان

toast

بیسکیت

biscuits

مسکه

butter

چکه

curd

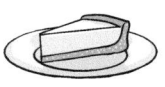

کیک

cake

تخم مرغ

egg

تخم مرغ سرخ شده

fried egg

پنیر

cheese

آیسکریم

ice cream

شکر

sugar

عسل

honey

مربا

jam

مسکه چاکلیت

chocolate spread

زردچوبه هندی

curry

مزرعه

farm

farmhouse
خرمن گاه
straw bale
گودام غله
barn
زمین زراعتی
field
اسب
horse
تریلر
trailer
تراکتور
tractor
کره اسب
foal
خر
donkey
گوسفند
sheep
بره
lamb

بز

goat

گاو

cow

گوساله

calf

خوک

pig

خوکچه

piglet

گاو نر

bull

قاز

goose

مرغابی

duck

چوچه مرغ

chick

مرغ

hen

خروس

cock

موش صحرایی

rat

پیشک

cat

موش

mouse

گاومیش

ox

سگ

dog

خانه سگ

doghouse

خانه باغ

garden hose

آبپاش

watering can

داس

scythe

قولبه کردن

plough

داس

sickle

کج بیل

hoe

چنگال باغبانی

pitchfork

تبر

axe

کراچی

wheelbarrow

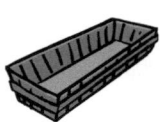

تغار

trough

قوطی شیر

milk can

بوجی

sack

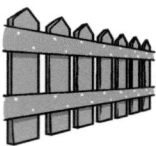

دیوار مرزی از چوب یا سیم خار دار

fence

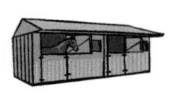

پایدار

stable

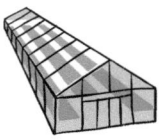

گلخانه

greenhouse

خاک

soil

تخم

seed

کود

fertilizer

ماشین درو وخرمنکوبی

combine harvester

درو کردن

harvest

درو

harvest

کچالو شرین

yams

گندم

wheat

سویا

soy

کچالو

potato

جواری

corn

کلزا

rapeseed

درخت میوه

fruit tree

مانیوک

cassava

غلات و حبوبات

cereals

خانه

house

دودکش
chimney
پشت بام
roof
آب رو
drainpipe
کلکین
window
گراج
garage
زنگ دروازه
doorbell
دروازه
door
سطل زباله
rubbish bin
صندوق نامه
letterbox
باغچه
garden

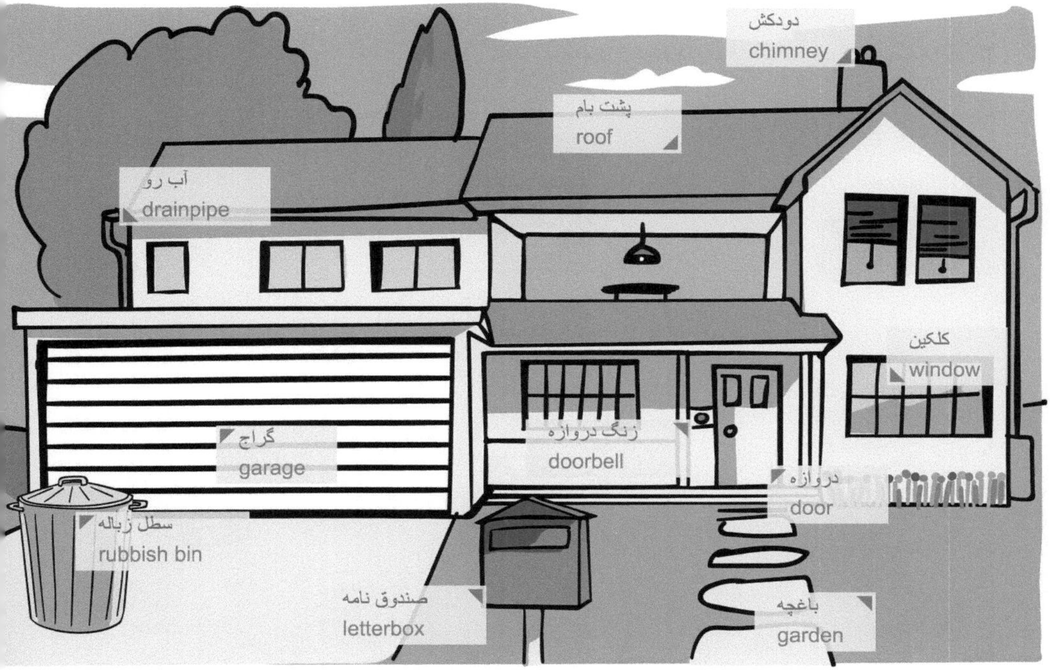

اطاق نشیمن

living room

حمام / دستشویی

bathroom

آشپزخانه

kitchen

اطاق خواب

bedroom

اطاق اطفال

child's room

اطاق پذیرایی

dining room

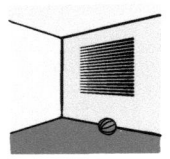

کف زمین

floor

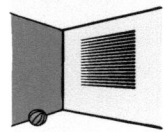

دیوار

wall

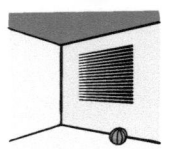

سقف

ceiling

گودام زیر زمینی

cellar

سونا

sauna

بالکن

balcony

برنده / بالکن

terrace

حوض

pool

ماشین درو کردن چمن

lawn mower

ورق کاغذ

sheet

روجایی

bedspread

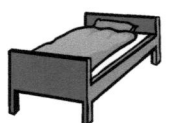

تختخواب

bed

جارو

broom

سطل

bucket

سویچ

switch

اطاق نشیمن

living room

کاغذ دیواری
wallpaper
تصویر
picture
چراغ
lamp
قفسه
shelf
کابینت
cupboard
تلویزیون
television
بخاری دیواری
fireplace
گل
flower
بالشت
cushion
کوچ
sofa
گلدان
vase
ریموت کنترول
remote control

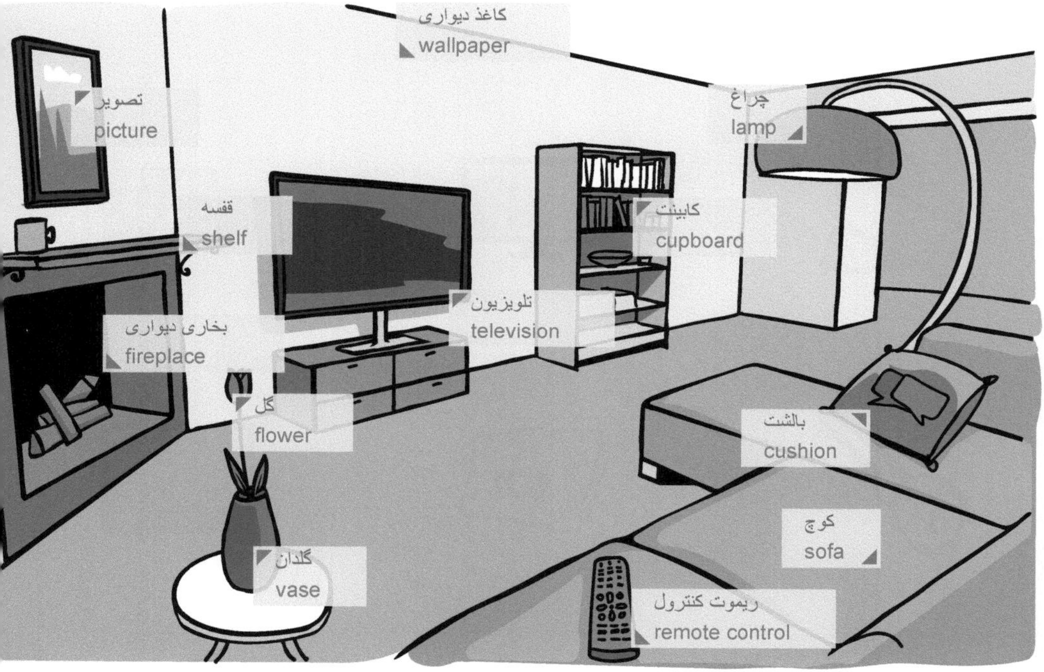

فرش

carpet

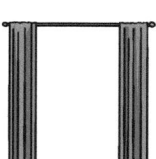

پرده

curtain

میز

table

چوکی

chair

چوکی گهواره یی

rocking chair

چوکی دسته دار

armchair

کتاب

book

کمپل

blanket

دکوراسیون

decoration

هیزم

firewood

فلم

film

سیستم های فای

hi-fi equipment

کلید

key

روزنامه

newspaper

تابلوی نقاشی

painting

پوستر

poster

رادیو

radio

دفتر

notepad

جاروبرقی

hoover

کاکتوس

cactus

شمع

candle

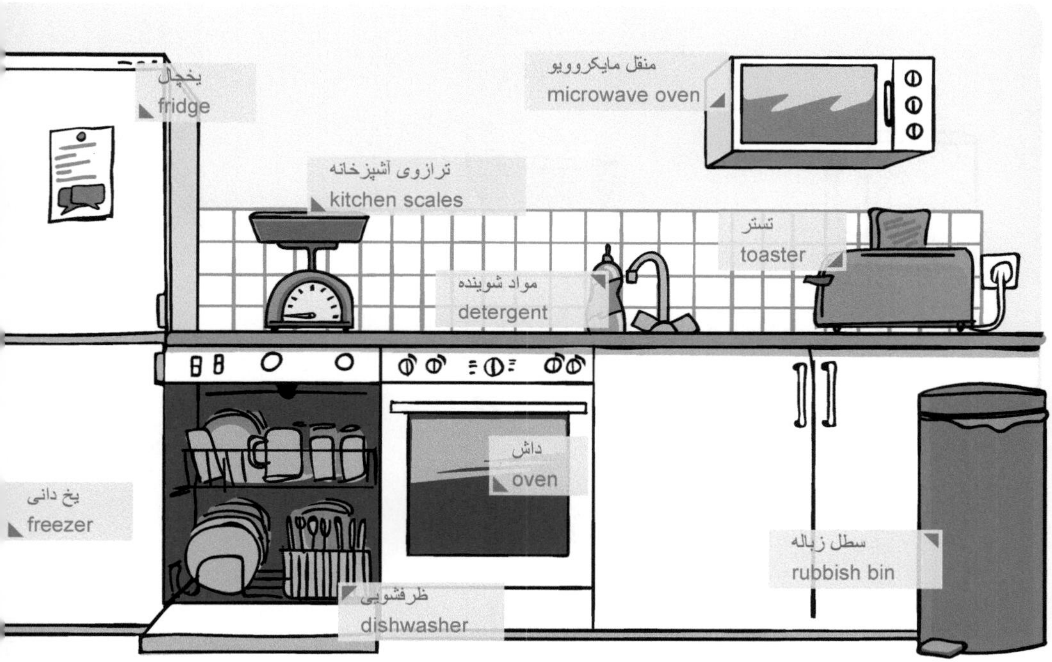

منقل مایکروویو
microwave oven

یخچال
fridge

ترازوی آشپزخانه
kitchen scales

تستر
toaster

مواد شوینده
detergent

داش
oven

یخ دانی
freezer

سطل زباله
rubbish bin

ظرفشویی
dishwasher

منقل

cooker

دیگ

pot

دیگ چدنی

cast-iron pot

کراهی

wok / kadai

تابه

pan

چای جوش

kettle

بخارپز

....

steamer

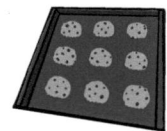

پطنوس طباخی

....

baking tray

ظروف

....

crockery

پیاله کلان

....

mug

کاسه

....

bowl

چاپستیک ها

....

chopsticks

ملاقه

....

ladle

کفگیر

....

spatula

مخلوط کننده

....

whisk

چلو صاف

....

strainer

غلبیل

....

sieve

رنده

....

grater

هاونگ

....

mortar

بار بیکیو

....

barbecue

آتش باز

....

open fire

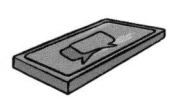

تخته برش

chopping board

آشگز

rolling pin

سر بازکن

corkscrew

قوطی

can

سر باز کن

can opener

دستگیره تکه ای

pot holder

ظرف شویی

sink

برس ظرف شویی

brush

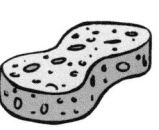

اسفنج

sponge

مخلوط کن

blender

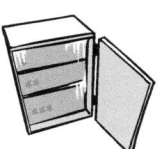

فریزر

deep freezer

شیر چوشک اطفال

baby bottle

نل آب

tap

bathroom

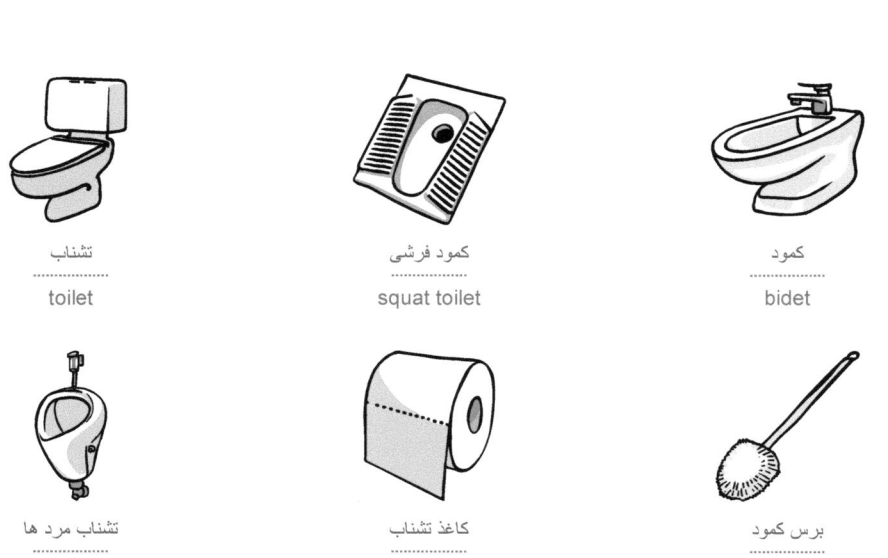

شاور
shower

گرم کننده
heating

جان پاک
towel

پرده حمام
shower curtain

حمام کف
bubble bath

تب حمام
bathtub

گیلاس
glass

ماشین لباسشویی
washing machine

کاشی
tiles

فل آب
tap

پات اطفال
potty

ظرف شویی
sink

تشناب	کمود فرشی	کمود
toilet	squat toilet	bidet

تشناب مرد ها	کاغذ تشناب	برس کمود
urinal	toilet paper	toilet brush

برس دندان

toothbrush

کریم دندان

toothpaste

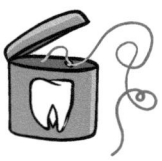

نخ دندان

dental floss

شستن

wash

شاور دستی

handheld shower

شاور کمود

douche

دستشویی

basin

برس پشت

back brush

صابون

soap

جل حمام

shower gel

شامپو

shampoo

لیف

flannel

آب رو

drain

کریم

cream

بوزدا

deodorant

آینه

mirror

آینه دستی

hand mirror

ریش تراش

razor

کف ریش تراشی

shaving foam

کلونیا

aftershave

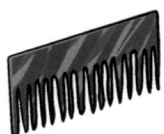

شانه موی

comb

برس

brush

سشوار

hair dryer

اسپری مو

hairspray

آرایش

makeup

لب سرین

lipstick

رنگ ناخن

nail varnish

پشم پنبه

cotton wool

ناخن گیر

nail scissors

عطر

perfume

کیسه شستشو
washbag

چوکی چار پایه
stool

ترازوی وزن
weighing scale

جان پاک
bathrobe

دستکش پلاستیکی
rubber gloves

تامپون
tampon

کوتکس
sanitary towel

تشناب سیار
chemical toilet

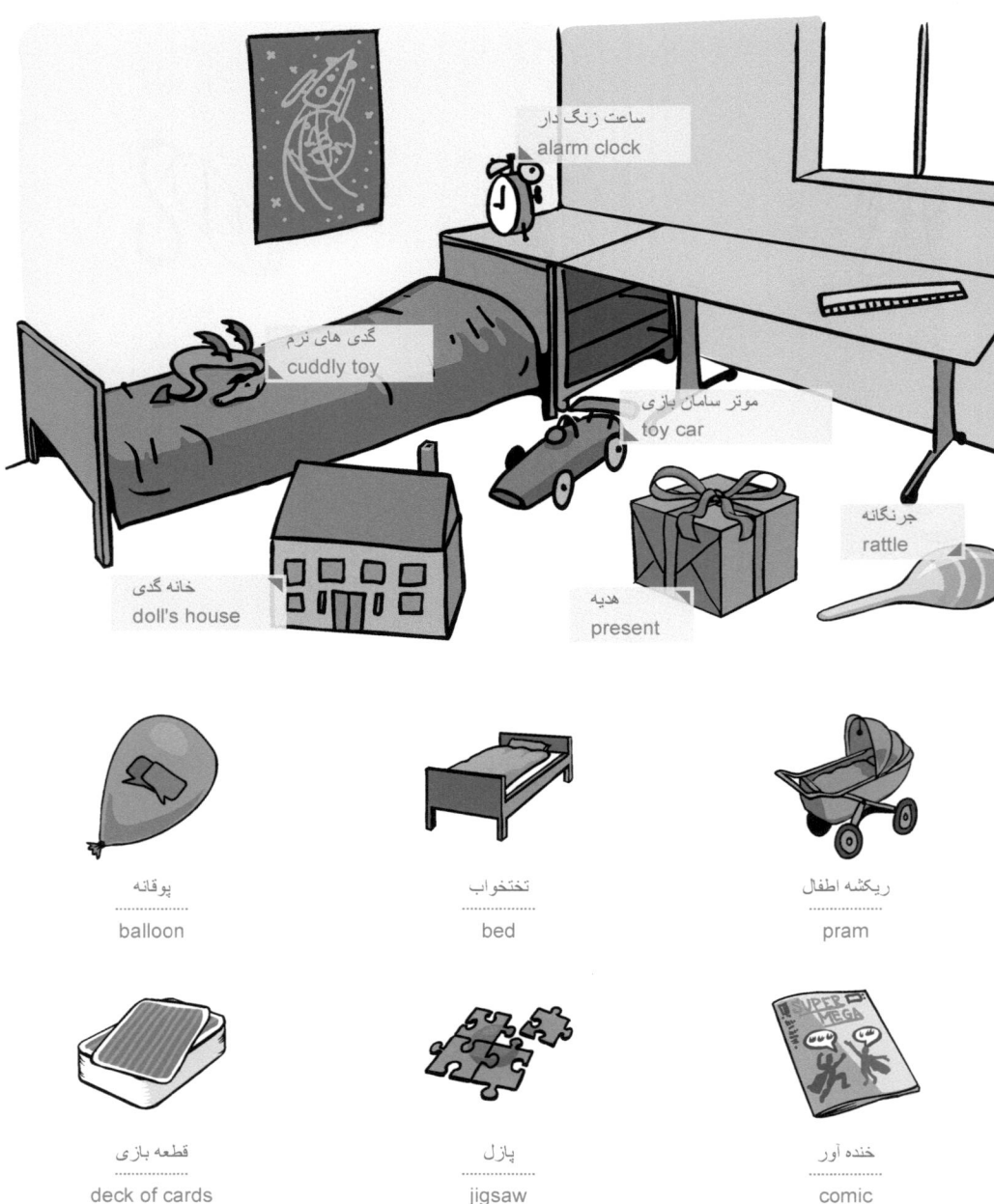

اطاق اطفال

child's room

ساعت زنگ دار
alarm clock
گدی های نرم
cuddly toy
موتر سامان بازی
toy car
جرنگانه
rattle
خانه گدی
doll's house
هدیه
present

پوقانه

balloon

تختخواب

bed

ریکشه اطفال

pram

قطعه بازی

deck of cards

پازل

jigsaw

خنده آور

comic

خشت های لگو

lego bricks

بلوک های سامان بازی

building blocks

پچه فلم

action figure

لباس طفل

babygrow

فریزبی

frisbee

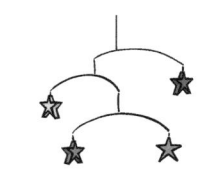

سامان بازی که روی تخت خواب اطفال
اویزان می شود

mobile

بازی تخته یی

board game

تاس

dice

ریل اسباب بازی

model train set

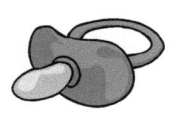

چوشک

dummy

مهمانی

party

کتاب تصویری

picture book

توپ

ball

گدیگک

doll

بازی کردن

play

جعبه ریگ
....
sandpit

گاز
....
swing

اسباب بازی
....
toys

کنسول بازی کمپیوتری
....
video game console

سه چرخه
....
tricycle

خرس سامان بازی
....
teddy bear

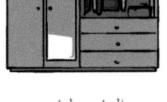

الماری لباس
....
wardrobe

لباس

clothing

جوراب
....
socks

جوراب دراز
....
stockings

برجس
....
tights

چادر سر
scarf

چتری
umbrella

بلوز
t-shirt

کمربند
belt

بوت
boots

چپلک
slippers

کرمچ
trainers

چپلی
sandals

بوت
shoes

موزه پلاستیکی
rubber boots

نیکر
underpants

واسکت زنانه
bra

واسکت
vest

لباس - clothing

بدن

body

برزو

trousers

پتلون کاوبای

jeans

دامن

skirt

بلوز

blouse

پیراهن

shirt

یالان

pullover

جاکت کلاه دار

hoodie

جاکت

blazer

چمپر

jacket

کورتی

coat

کوت بارانی

raincoat

لباس مخصوص مراسم

costume

پیراهن

dress

لباس عروسی

wedding dress

دریشی
....
suit

لباس خواب
....
nightgown

پاجامه
....
pyjamas

ساری
....
sari

چادر سر
....
headscarf

لنگی
....
turban

چادری
....
burqa

کفتان
....
kaftan

چادر
....
abaya

لباس آببازی
....
swimsuit

نیکر پاچه دار
....
trunks

پتلون نصفه
....
shorts

لباس ورزشی
....
tracksuit

پیش بند
....
apron

دستکش
....
gloves

دکمه

button

عینک

glasses

دستبند

bracelet

گردن بند

necklace

انگشتر

ring

گوشواره

earring

کلاه پیک دار

cap

کوت بند

coat hanger

کلاه

hat

نیکتایی

tie

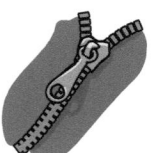

زیپ

zip

کلاه مصون

helmet

بند تنبان

braces

یونیفورم مکتب

school uniform

یونیفورم

uniform

پیش بند

bib

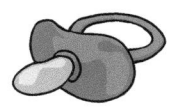

چوشک

dummy

پمپر

nappy

دفتر

office

سرور
server
الماری اسناد
filing cabinet
پرینتر
printer
کاغذ
paper
مانیتور
monitor
ماوس
mouse
میز کار
desk
فولدر
folder
کیبورد
keyboard
سبد کاغذ باطله
waste-paper basket
کمپیوتر
computer
چوکی
chair

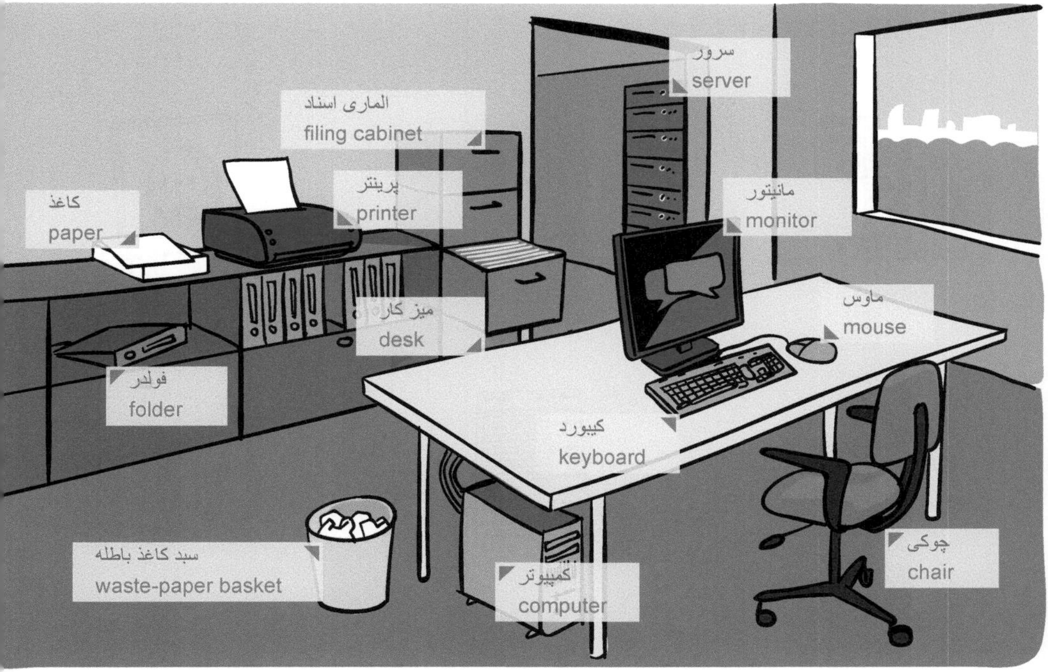

گیلاس قهوه

coffee mug

ماشین حساب

calculator

اینترنت

internet

لپ تاپ

laptop

نامه

letter

پیام

message

موبایل

mobile

شبکه

network

ماشین فوتوکاپی

photocopier

نرم افزار

software

تلیفون

telephone

پلک

plug socket

دستگاه فکس

fax machine

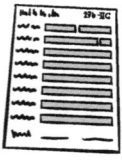

فورمه

form

سند

document

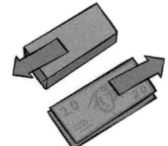

اقتصاد

economy

خرید کردن

buy

پرداختن

pay

تجارت کردن

trade

پول

money

دالر

dollar

یورو

euro

ین

yen

روبل

rouble

فرانک سوئیس

Swiss franc

یوان رنمینبی

renminbi yuan

روپیه

rupee

خودپرداز

cashpoint

دفتر صرافی
....
bureau de change

طلا
....
gold

نقره
....
silver

نفت
....
oil

انرژی
....
energy

قیمت
....
price

قرارداد
....
contract

مالیات
....
tax

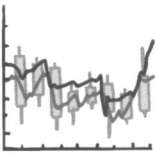

سهام
....
stock

کار کردن
....
work

کارمند
....
employee

استخدام کننده
....
employer

فابریکه
....
factory

مغازه
....
shop

افسر پولیس
police officer
آتش نشان
fireman
آشپز
cook
داکتر
doctor
پیلوت
pilot

باغبان

gardener

نجار

carpenter

خیاط

seamstress

قاضی

judge

کیمیا دان

chemist

بازیگر

actor

راننده بس

bus driver

راننده تکسی

taxi driver

ماهیگیر

fisherman

خدمه

cleaning lady

سقف ساز

roofer

پیشخدمت

waiter

شکارچی

hunter

نقاش

painter

نانوا

baker

برقی

electrician

بنا

builder

انجنیر

engineer

قصاب

butcher

نلدوان

plumber

پستچی

postman

سرباز

soldier

معمار

architect

صندوقدار

cashier

گل فروش

florist

آرایشگر

hairdresser

مامور تکت ریل

conductor

میخانیک

mechanic

کاپیتان

captain

داکتر دندان

dentist

دانشمند

scientist

خاخام/ عالم یهودی

rabbi

امام

imam

راهب

monk

ملا

clergyman

ابزار

tools

چکش
hammer
پلاس
pliers
پیچ کش
screwdriver
رینچ
spanner
چراغ دستی
torch

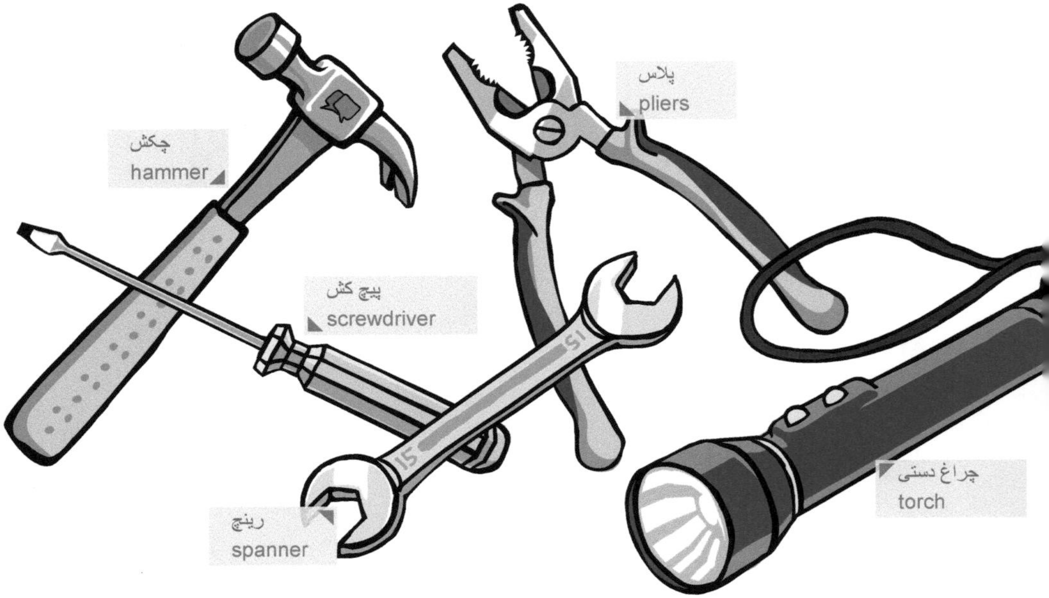

ماشین حفاری

digger

جعبه ابزار

toolbox

زینه

ladder

اره

saw

میخ

nails

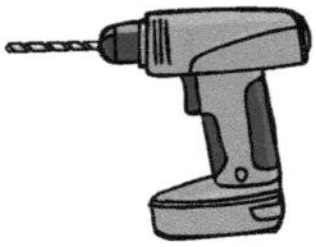

برمه

drill

ترمیم کردن

repair

بیل

shovel

لعنتی!

Damn!

خاک‌روبه

dustpan

سطل رنگ

paint pot

پیچ

screws

آلات موسیقی

musical instruments

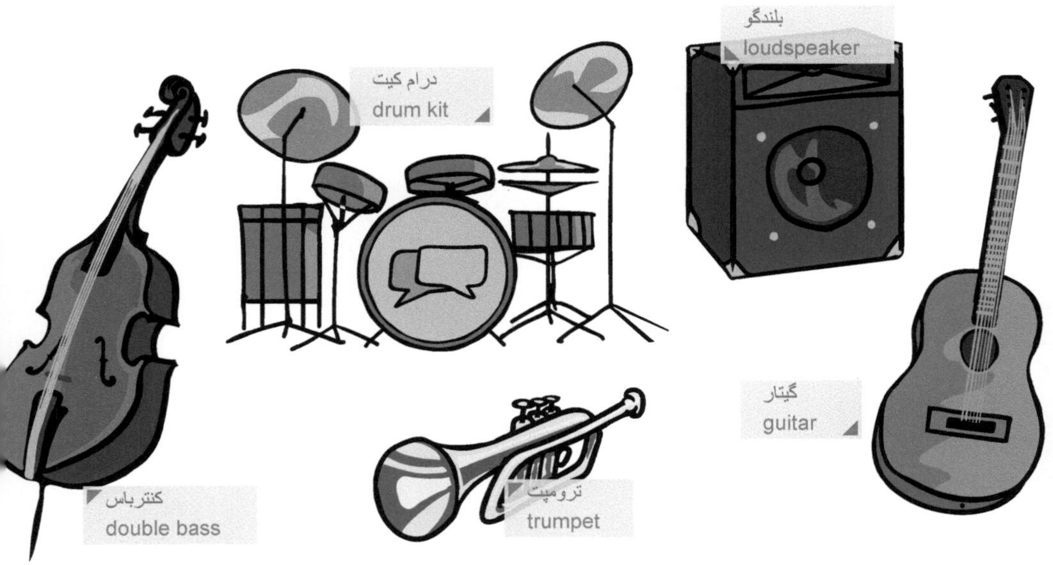

درام کیت
drum kit ▸

بلندگو
loudspeaker

گیتار
guitar ▸

کنترباس
double bass

ترومپت
trumpet

پیانو

piano

وایلن

violin

گیتار بیس

bass

دهل

timpani

دول

drums

پیانوی برقی

keyboard

ساکسوفون

saxophone

توله

flute

میکروفون

microphone

باغ وحش

ZOO

ببر
tiger
ورودی
entrance
قفس
cage
گوره خر
zebra
غذای حیوانات
animal feed
پاندا
panda

حیوانات

animals

فیل

elephant

کانگورو

kangaroo

غژ گاو

rhino

گوریلا

gorilla

خرس

bear

شتر

camel

شترمرغ

ostrich

شیر

lion

میمون

monkey

فلامینگو

flamingo

طوطی

parrot

خرس قطبی

polar bear

پنگوئن

penguin

کوسه

shark

طاووس

peacock

مار

snake

تمسا

crocodile

نگهبان باغ وحش

zookeeper

سگ آبی

seal

پلنگ خالدار امریکایی

jaguar

اسب کوچک

pony

پلنگ

leopard

اسب آبی

hippo

زرافه

giraffe

عقاب

eagle

خوک وحشی

boar

ماهی

fish

سنگ پشت

turtle

شیر دریایی

walrus

روباه

fox

غزال

gazelle

ورزش ها
sports

فوتبال امریکایی
American football
بایسکل سواری
cycling
تنیس
tennis
باسکتبال
basketball
آب بازی
swimming
بوکس
boxing
هاکی روی یخ
ice hockey

فوتبال
football

بدمینتون
badminton

ورزشکاری
athletics

هندبال
handball

اسکی
skiing

پولو
polo

فعالیت ها

activities

خیز زدن
jump
خواندن
sing
بغل کردن
hug
خندیدن
laugh
راه رفتن
walk
خواب دیدن
dream
دعا کردن
pray
بوسیدن
kiss

نوشتن

write

کشیدن

draw

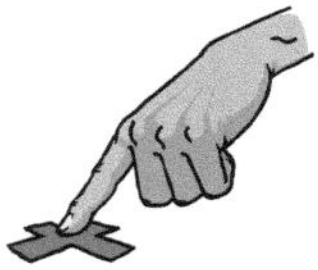

نشان دادن

show

تیله کردن

push

دادن

give

گرفتن

take

داشتن

have

انجام دادن

do

بودن

be

ایستادن

stand

دویدن

run

کش کردن

pull

پرتاب کردن

throw

افتادن

fall

دروغ گفتن

lie

صبر کردن

wait

حمل کردن

carry

نشستن

sit

لباس پوشیدن

get dressed

خوابیدن

sleep

بیدار شدن

wake up

نگاه کردن

look at

گریه کردن

cry

ضربه زدن

stroke

شانه کردن

comb

صحبت کردن

talk

فهمیدن

understand

پرسیدن

ask

گوش دادن

listen

نوشیدن

drink

خوردن

eat

مرتب کردن

tidy up

عشق ورزیدن

love

پختن

cook

راننده گی کردن

drive

پرواز کردن

fly

روی آب حرکت کردن

sail

حساب کردن

calculate

خواندن

read

یاد گرفتن

learn

کار کردن

work

ازدواج کردن

marry

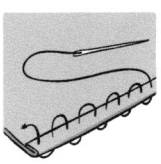

دوختن

sew

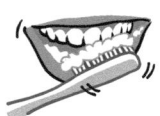

برس کردن دندان ها

brush teeth

کشتن

kill

سگریت کشیدن

smoke

فرستادن

send

فامیل

family

مادرکلان
grandmother
پدرکلان
grandfather
پدر
father
مادر
mother
نوزاد
baby
دختر
daughter
پسر
son

مهمان

guest

عمه / خاله

aunt

ماما/کاکا

uncle

برادر

brother

خواهر

sister

بدن

body

پیشانی
forehead
چشم
eye
شانه
shoulder
انگشت
finger
روی
face
زنخ
chin
دست
hand
سینه
breast
پا
leg
بازو
arm

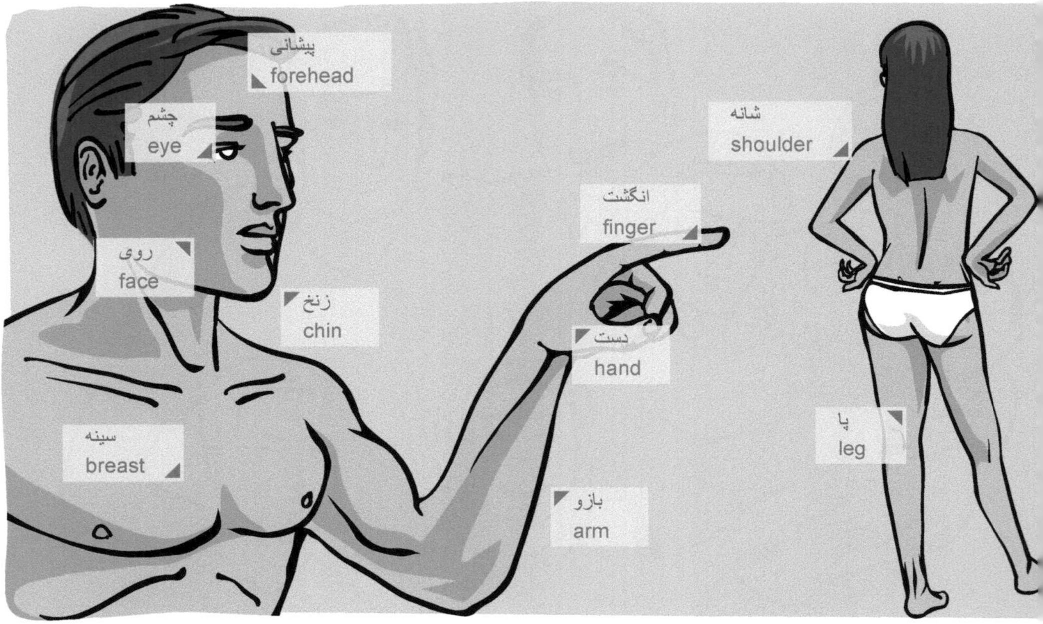

نوزاد
baby

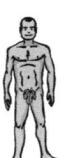

مرد
man

زن
woman

دختر
girl

پسر
boy

سر
head

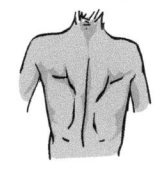

كمر

back

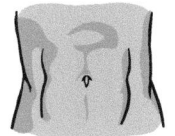

شكم

belly

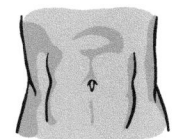

ناف

belly button

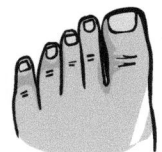

انگشت پا

toe

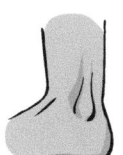

كوری پای

heel

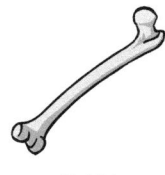

استخوان

bone

كمر

hip

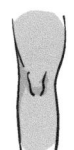

زانو

knee

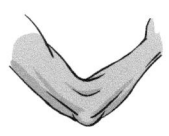

آرنج

elbow

بینی

nose

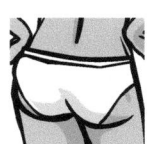

سرین

bottom

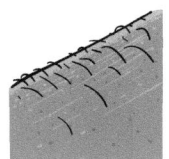

پوست

skin

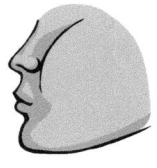

كومه

cheek

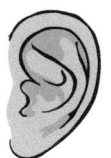

گوش

ear

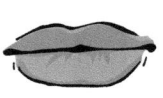

لب

lip

دهان

mouth

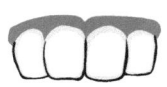

دندان

tooth

زبان

tongue

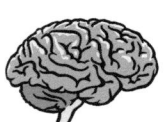

مغز

brain

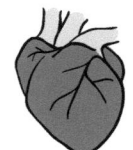

قلب

heart

عضله

muscle

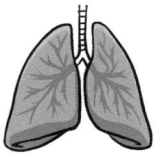

شُش

lung

جگر

liver

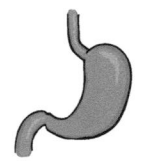

معده

stomach

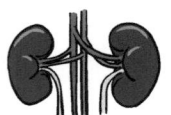

گرده

kidneys

رابطه جنسی

sex

کاندوم

condom

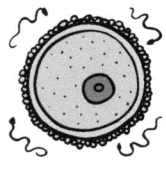

تخمه

ovum

آب منی

semen

حاملگی

pregnancy

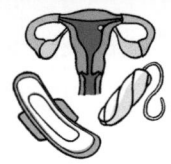

قاعده گی

menstruation

مجرای تناسلی زن

vagina

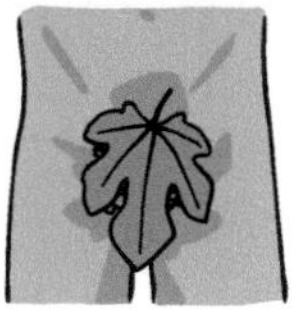

آلت تناسلی مرد

penis

ابرو

eyebrow

مو

hair

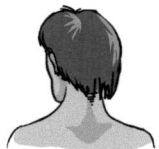

گردن

neck

شفاخانه

hospital

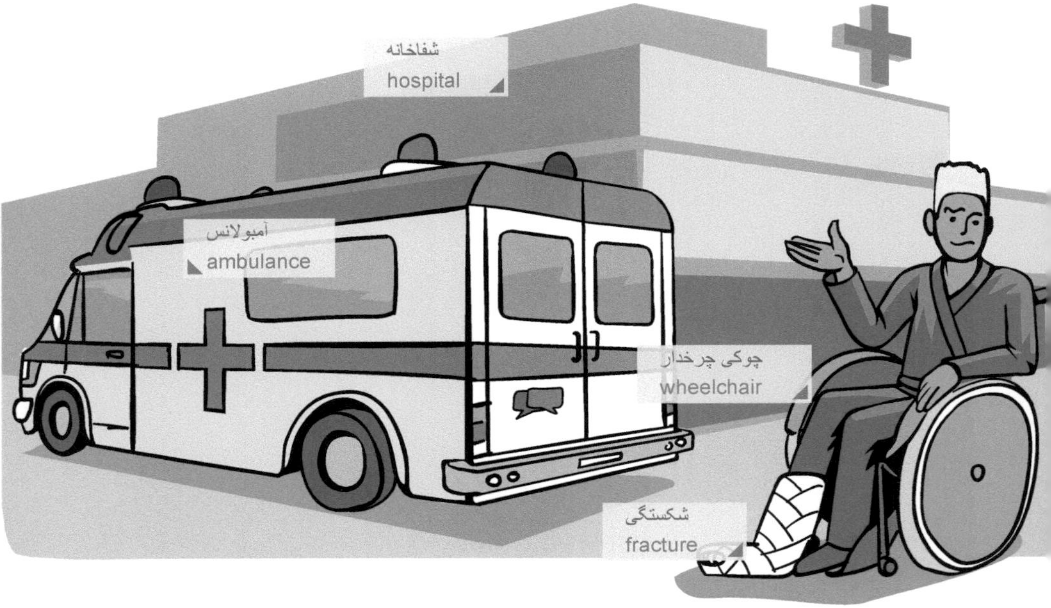

شفاخانه
hospital
آمبولانس
ambulance
چوکی چرخدار
wheelchair
شکستگی
fracture

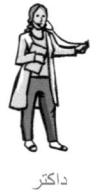

داکتر

doctor

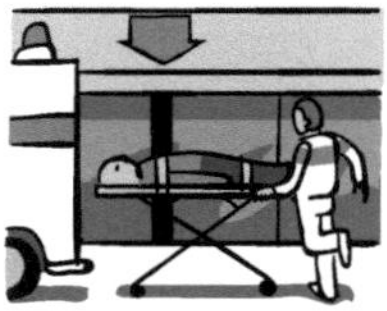

اطاق عاجل

emergency room

نرس

nurse

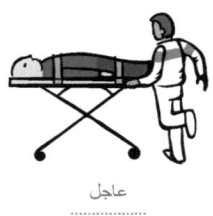

عاجل

emergency

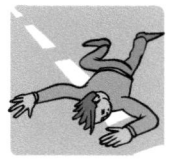

بیهوش

unconscious

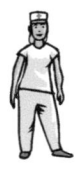

درد

pain

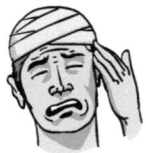

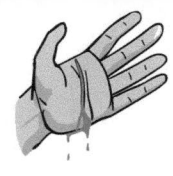

جراحت
....
injury

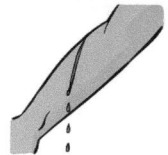

خونریزی
....
bleeding

حمله قلبی
....
heart attack

سکته مغزی
....
stroke

حساسیت
....
allergy

سرفه
....
cough

تب
....
fever

انفلوانزا
....
flu

اسهال
....
diarrhoea

سردرد
....
headache

سرطان
....
cancer

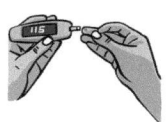

شکر
....
diabetes

جراح
....
surgeon

چاقوی جراحی
....
scalpel

عملیات
....
operation

سی تی

CT

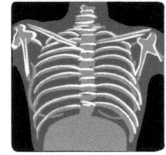

ایکسری

x-ray

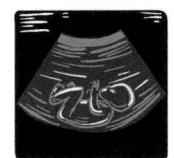

سونوگرافی

ultrasound

ماسک روی

face mask

مریضی

disease

اطاق انتظار

waiting room

عصا

crutch

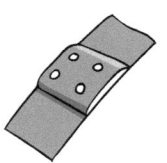

گچ

plaster

پانسمان

bandage

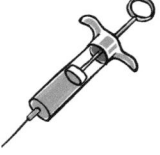

تزریق

injection

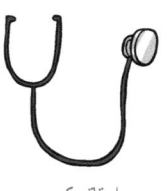

استاتسکوپ

stethoscope

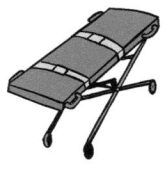

تذکره

stretcher

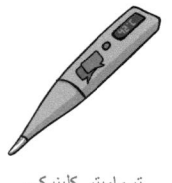

ترمامیتر کلینیکی

clinical thermometer

تولد

birth

اضافه وزن

overweight

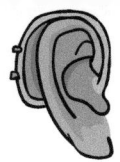

سمعک

hearing aid

ضدعفونی کننده

disinfectant

عفونت

infection

وایروس

virus

اچ آی وی / ایدز

HIV / AIDS

ادویه

medicine

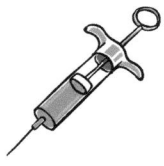

واکسیناسیون

vaccination

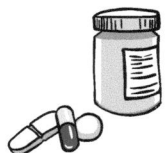

تابلیت ها

tablets

تابلیت

pill

تماس اضطراری

emergency call

مانیتور فشار خون

blood pressure monitor

بیمار / سالم

ill / healthy

emergency

کمک!
Help!

زنگ هشدار
alarm

تجاوز
assault

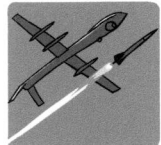

حمله
attack

خطر
danger

خروج اضطراری
emergency exit

آتش!
Fire!

آله ضد حریق
fire extinguisher

حادثه
accident

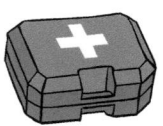

بکسه کمک های اولیه
first-aid kit

پیام اضطراری
SOS

پولیس
police

زمین
Earth

اروپا

Europe

امریکای شمالی

North America

امریکای جنوبی

South America

آفریقا

Africa

آسیا

Asia

استرالیا

Australia

اقیانوس اطلس

Atlantic

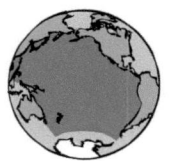

اقیانوس آرام

Pacific

اقیانوس هند

Indian Ocean

اقیانوس منجمد جنوبی

Antarctic Ocean

اقیانوس منجمد شمالی

Arctic Ocean

قطب شمال

North Pole

قطب جنوب

South Pole

قاره قطب جنوب

Antarctica

زمین

Earth

خشکی

land

دریا

sea

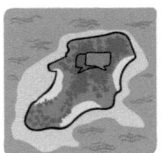

جزیره

island

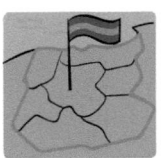

ملت

nation

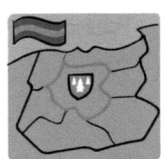

کشور

state

ساعت
clock

روی ساعت

clock face

عقربه ساعت شمار

hour hand

عقربه دقیقه شمار

minute hand

عقربه ثانیه شمار

second hand

ساعت چند است؟

What time is it?

روز

day

زمان

time

اکنون

now

ساعت دستی دیجیتل

digital watch

دقیقه

minute

ساعت

hour

week

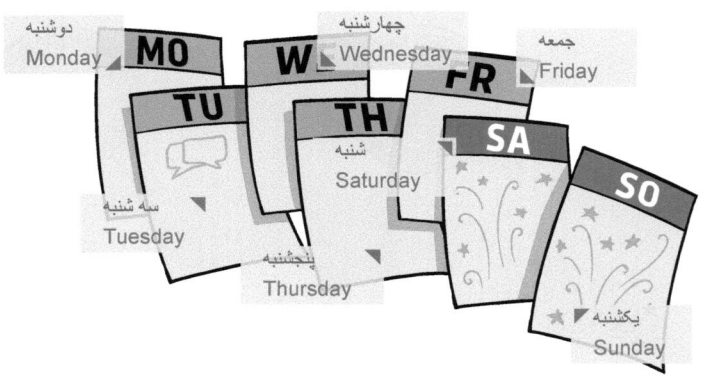

دوشنبه
Monday

چهارشنبه
Wednesday

جمعه
Friday

سه شنبه
Tuesday

پنجشنبه
Thursday

شنبه
Saturday

یکشنبه
Sunday

دیروز
yesterday

امروز
today

فردا
tomorrow

صبح
morning

ظهر
noon

غروب
evening

MO	TU	WE	TH	FR	SA	SU
1	2	3	4	5	6	7
8	9	10	11	12	13	14
15	16	17	18	19	20	21
22	23	24	25	26	27	28
29	30	31	1	2	3	4

روزهای کاری
business days

MO	TU	WE	TH	FR	SA	SU
1	2	3	4	5	6	7
8	9	10	11	12	13	14
15	16	17	18	19	20	21
22	23	24	25	26	27	28
29	30	31	1	2	3	4

آخر هفته
weekend

سال

year

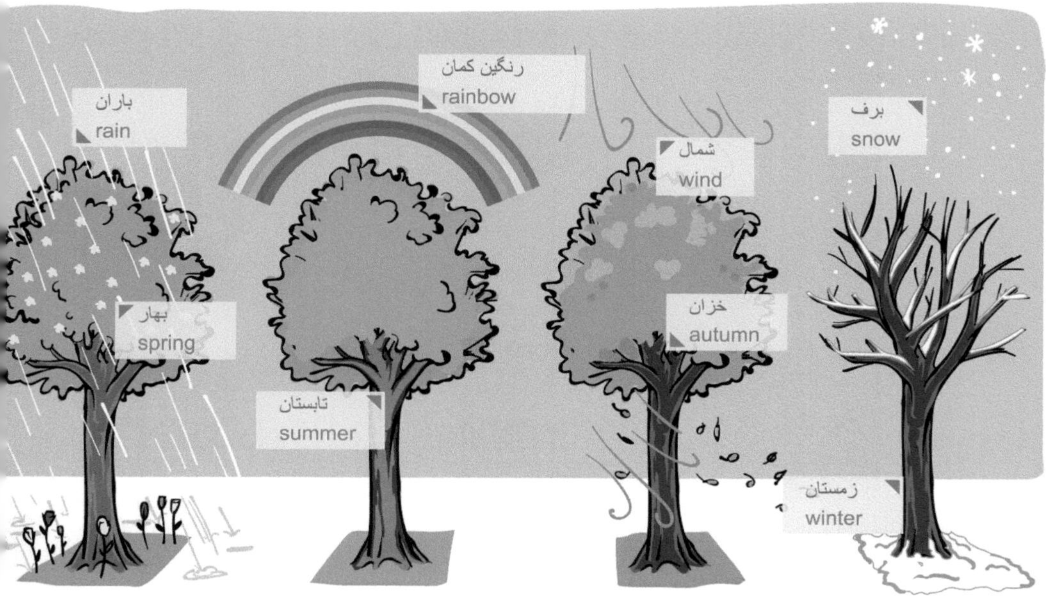

باران
rain
رنگین کمان
rainbow
برف
snow
شمال
wind
بهار
spring
خزان
autumn
تابستان
summer
زمستان
winter

4.APRIL 11°
5.APRIL 4°
6.APRIL 13°
7.APRIL 8°
8.APRIL 10°

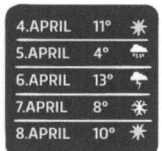

پیش بینی آب و هوا

weather forecast

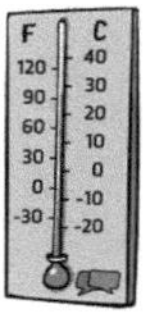

F
C

ترمامیتر

thermometer

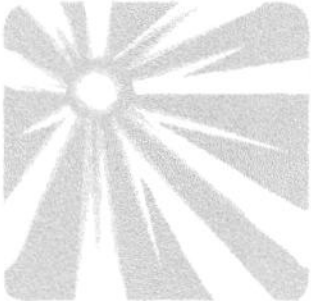

آفتاب

sunshine

ابر

cloud

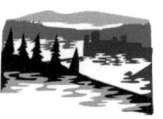

غبار

fog

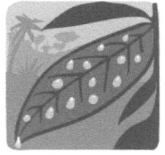

رطوبت

humidity

رعد و برق

lightning

الماسك

thunder

طوفان

storm

ژاله

hail

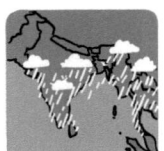

موسم بارندگی

monsoon

سیل

flood

یخ

ice

جنوری

January

فبروری

February

مارچ

March

اپریل

April

می

May

جون

June

جولای

July

اگست

August

سال - year

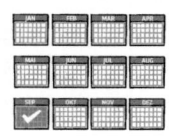

سپتمبر

September

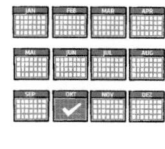

اکتوبر

October

نومبر

November

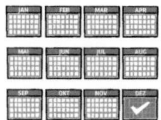

دسمبر

December

شکل ها

shapes

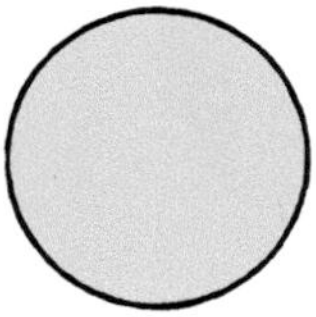

دایره

circle

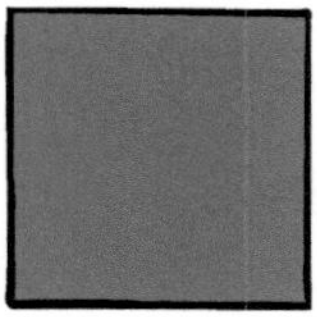

مربع

square

مستطیل

rectangle

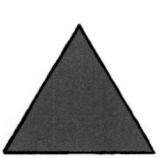

مثلث

triangle

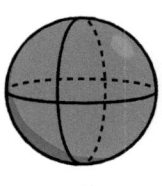

کره

sphere

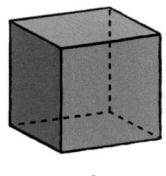

مکعب

cube

رنگ ها

colours

سفید

....

white

زرد

....

yellow

نارنجی

....

orange

گلابی

....

pink

سرخ

....

red

بنفش

....

purple

آبی

....

blue

سبز

....

green

نصواری/قهوه یی

....

brown

خاکستری

....

grey

سیاه

....

black

متضاد ها

opposites

زیاد / کم

a lot / a little

عصبانی / آرام

angry / calm

مقبول / بدرنگ

beautiful / ugly

آغاز / پایان

beginning / end

بزرگ / کوچک

big / small

روشن / تیره

bright / dark

برادر / خواهر

brother / sister

پاک / کثیف

clean / dirty

کامل / ناقص

complete / incomplete

روز / شب

day / night

مرده / زنده

dead / alive

عریض / باریک

wide / narrow

خوراکی / غیر خوراکی

edible / inedible

عصبانی / دوستانه

evil / kind

هیجان زده / کسل

excited / bored

چاق / لاغر

fat / thin

اول / آخر

first / last

دوست / دشمن

friend / enemy

پر / خالی

full / empty

سخت / نرم

hard / soft

سنگین / سبک

heavy / light

گرسنگی / تشنگی

hunger / thirst

بیمار / سالم

ill / healthy

غیر قانونی / قانونی

illegal / legal

باهوش / احمق

intelligent / stupid

چپ / راست

left / right

نزدیک / دور

near / far

نو / کهنه
....
new / used

هیچ چیز / چیزی
....
nothing / something

پیر / جوان
....
old / young

روشن / خاموش
....
on / off

باز / بسته
....
open / closed

بی صدا / پر سر و صدا
....
quiet / loud

ثروتمند / فقیر
....
rich / poor

صحیح / غلط
....
right / wrong

ناهموار / هموار
....
rough / smooth

غمگین / خوشحال
....
sad / happy

کوتاه / بلند
....
short / long

آهسته / سریع
....
slow / fast

تر / خشک
....
wet / dry

گرم / سرد
....
warm / cool

جنگ / صلح
....
war / peace

متضاد ها - opposites

اعداد
numbers

0	1	2
صفر	یک	دو
zero	one	two
3	4	5
سه	چهار	پنج
three	four	five
6	7	8
شش	هفت	هشت
six	seven	eight
9	10	11
نه	ده	یازده
nine	ten	eleven

12

دوازده
....
twelve

13

سیزده
....
thirteen

14

چهارده
....
fourteen

15

پانزده
....
fifteen

16

شانزده
....
sixteen

17

هفده
....
seventeen

18

هجده
....
eighteen

19

نوزده
....
nineteen

20

بیست
....
twenty

100

صد
....
hundred

1.000

هزار
....
thousand

1.000.000

میلیون
....
million

زبان ها

languages

انگلیسی

....

English

انگلیسی امریکایی

....

American English

چینی ماندارین

....

Chinese Mandarin

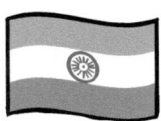

هندی

....

Hindi

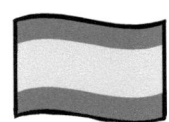

اسپانیایی

....

Spanish

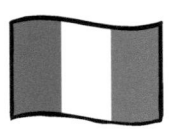

فرانسوی

....

French

عربی

....

Arabic

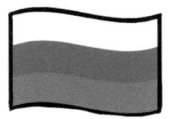

روسی

....

Russian

پرتغالی

....

Portuguese

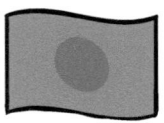

بنگالی

....

Bengali

آلمانی

....

German

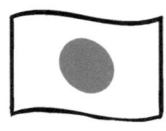

جاپانی

....

Japanese

who / what / how

من

I

شما

you

او / او / آن

he / she / it

ما

we

شما

you

آن ها

they

کی؟

who?

چی؟

what?

چطور؟

how?

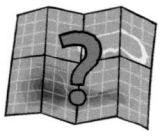

کجا؟

where?

چه وقت؟

when?

اسم

name

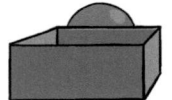

کجا

where

عقب

behind

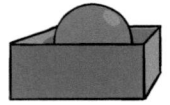

در

in

پیش روی

in front of

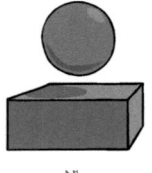

بالا

over

روی

on

زیر

under

پهلو

beside

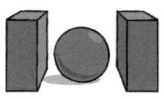

میان

between

محل

place